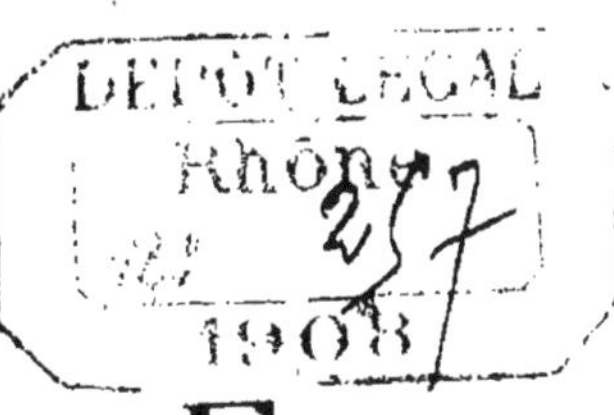

Petit Droit Pratique et Populaire

TESTAMENT
OLOGRAPHE

NOTIONS PRINCIPALES
ET FORMULES

SIMPLE MÉMOIRE

PAR

MARC THEVENIN, ancien Principal Clerc, Capacitaire

Prix : UN franc

SEPTEMBRE 1908

EN VENTE CHEZ MM. LES LIBRAIRES

Imp. Bridet, 40, cours Liberté. — Lyon.

Petit Droit Pratique et Populaire

TESTAMENT

OLOGRAPHE

NOTIONS PRINCIPALES

ET FORMULES

SIMPLE MÉMOIRE

PAR

MARC THEVENIN, ancien Principal Clerc, Capacitaire

Prix : UN franc

SEPTEMBRE 1908

EN VENTE CHEZ MM. LES LIBRAIRES

TESTAMENT

OLOGRAPHE

NOTIONS PRINCIPALES

ET FORMULES

AVANT-PROPOS ET TABLE

Ce simple mémoire est écrit pour les personnes qui veulent se renseigner, réfléchir et prendre parti, avant d'aller trouver un notaire ou qui aimeront mieux écrire, seules, un testament.

Il contient tous renseignements suffisants pour le testament le plus ordinaire, dit *testament olographe*, et il a été spécialement écrit en langage clair, puisque toutes expressions ou mots spéciaux y sont expliqués.

Il est divisé en huit chapitres qui, la plupart, comprennent diverses sections et sous-sections, soit :

TESTAMENT
HOLOGRAPHE

NOTIONS ET FORMULES

pour le faire soi-même

I. — Des Testaments.

Le testament est un acte qui a le caractère authentique, parce qu'il doit émaner, en entier, de la personne qui le fait, et par lequel cette personne, légalement capable, agissant dans l'exercice de sa pleine et libre volonté, déclare disposer pour le temps où elle n'existera plus, et au profit d'une ou plusieurs personnes capables légalement de recevoir, de tout ou partie de ses biens dont l'existence sera reconnue à son décès.

Le testateur, ou testatrice, est la personne qui fait son testament.

Le testament peut être révoqué à tout moment par son auteur.

Et il peut être annulé par les tribunaux, suivant les cas.

Le dictionnaire de l'Académie explique le mot « Testament » ainsi :

« Acte authentique par lequel on déclare ses dernières « volontés. »

Mais l'article 895, Code civil, le définit plus clairement comme suit :

« Acte par lequel le testateur dispose, pour le temps où il « n'existera plus, de tout ou partie de ses biens, et qu'il peut « révoquer. »

Le Code civil pose les règles générales sur la forme des testaments, ainsi :

Art. 967. — Toute personne pourra disposer par testament, soit sous le titre d'institution d'héritier *(désignation d'un héritier)*, soit sous le titre de legs *(don laissé)*, soit sous toute autre dénomination propre à manifester sa volonté.

Art. 968. — Un testament ne pourra être fait, dans le même acte, par deux ou plusieurs personnes, soit au profit d'un tiers, soit à titre de disposition réciproque et mutuelle. (C'est ce qu'on appelle le testament conjonctif, ainsi serait, par exemple, le testament fait en un seul acte par mari et femme, art. 1097.)

Art 969. — Un testament pourra être olographe, ou fait par acte public, ou dans la forme mystique.

Testament mystique. — On l'appelle aussi testament *secret.*

Il doit être écrit, ou tout au moins signé, par le testateur qui doit, ensuite, le présenter clos et scellé à un notaire en présence de six témoins.

Testament par acte public. — On l'appelle aussi testament *solennel.*

Il doit être fait en présence de quatre témoins, devant un notaire auquel le testateur dicte ses volontés.

Testament olographe. — C'est celui qui est écrit en entier, daté et signé par la personne qui teste, sans le secours d'autrui.

Testaments militaires. — En cas de guerre, la Loi autorise aussi pour les officiers, soldats et marins qui prennent part aux hostilités les formes spéciales de testaments dits *militaires* et *maritimes.*

Cette brochure ne traitera absolument que des principales notions nécessaires pour faire le testament le plus ordinaire et le plus commode, qui est le testament olographe.

II. — Du Testament Olographe.

Le mot olographe veut dire : Écrit fait en entier de la main d'une seule personne.

L'article 970 exige, pour que le testament olographe soit valable, qu'il soit *écrit en entier* par la personne qui teste, qui doit le *dater* et le *signer*, le tout à peine de nullité dit l'article 1001.

Il n'est assujetti à aucune autre forme.

Cependant, en dehors de cela le testament doit :

1° Avoir son véritable caractère ;

2° Etre fait dans des conditions de capacité déterminées et qui sont ci-après expliquées ;

Autrement il serait nul.

Caractère du testament. — Faire son testament veut dire : Disposer de ses biens pour le jour de son décès.

Disposer veut dire : Ordonner qu'une chose sera faite après son décès ; Arranger cette chose suivant l'idée ou pensée que l'on a, à ce moment ; En poser les conditions, lesquelles ne devront pas être impossibles ou contraires aux lois ou aux mœurs, car alors elles seraient réputées non écrites, c'est-à-dire nulles de droit.

Le testament doit être conçu et écrit en style clair, net, précis et logique.

Il importe peu qu'il contienne des fautes d'orthographe ou de style, si elles n'enlèvent rien à la précision de l'écrit.

1° Le testament doit être, selon moi, l'image vraie, écrite, datée et signée de la main du testateur, d'une sérieuse délibération de la pensée, de la raison et de l'esprit, et dans laquelle délibération tous sentiments de haine, colère, vengeance, etc., doivent disparaître pour laisser place à la plus grande sérénité d'âme, à la plus large pitié pour ceux qui, dans l'ordre humain, peuvent rester sur terre après le testateur, et être exposés à y souffrir.

Le testateur doit avoir, dirai-je, lorsqu'il écrit ses dernières volontés, le sentiment du Juste, du Vrai et de la Charité, ce qui ne saurait exclure le sentiment du Beau et du Désintéressement au profit des Institutions à caractère social et utile.

Le testament doit contenir la reproduction *d'une décision* fermement arrêtée par le testateur.

Cette décision constituera *une disposition* devant avoir le caractère d'un ordre ou d'une injonction de faire ou d'exécuter, après son décès, une chose possible.

Ce sera *la manifestation formelle de la volonté,* pour que certain état de chose, *n'ayant rien de contraire aux lois et aux mœurs*, se trouve créé au décès du testateur qui l'a voulu ainsi de son vivant et par son testament.

Ainsi serait nulle la prohibition absolue de vendre les biens légués, car cette défense est contraire à l'intérêt public, en raison de ce que la libre circulation des biens se trouverait atteinte, sinon entravée ou empêchée.

Seraient nuls aussi l'institution d'héritier ou le legs, s'il y avait une condition impossible ou illicite, et si cette condition se trouvait être l'objectif principal et la cause déterminante de l'action de léguer.

Serait nulle également la disposition n'indiquant pas les noms précis des légataires, car elle serait impossible à exécuter.

Etc., etc., etc.

L'ensemble des mots composant le texte du testament, ne doit pas prêter à interprétation et constituer un simple projet;

Il doit, au contraire, en résulter l'intention formelle qu'au décès du testateur, il arrivera qu'une chose précise, organisée au moyen du testament, sera créée et profitera à une personne nettement déterminée.

2° La disposition doit expressément contenir que l'institution, legs ou don, *n'aura d'effet qu'à la mort du testateur.*

Autrement on pourrait exposer le bénéficiaire à être taxé, non d'héritier testamentaire ou de légataire, mais simplement de donataire.

Car, alors, la disposition se trouverait être *une donation* et non un testament.

Ce serait simplement une donation entre vifs.

Ainsi on ne devra pas écrire : « Je donne et lègue à M. X..., telle chose », mais bien : *« Je donne et lègue à mon décès seulement, à M. X..., telle chose.»*

Il a été jugé, en effet, que celui qui emploie le mot *donner*, sans préciser qu'il y aura seulement effet après son décès, ne fait point un testament, bien que l'acte ait été écrit, daté et signé par le testateur.

En effet l'expression *donner* s'applique à toute libéralité quelconque et semble bien ne concerner que la donation.

Mais dans la phrase deuxième, ci-dessus, cette expression ne peut être évidemment interprétée que comme une libéralité ayant effet après le décès.

Cependant l'expression sera plus absolue, si on écrit simplement : *« Je lègue après mon décès. »*

Léguer veut dire, en effet : Déclarer une volonté, enjoindre de faire une chose possible, en dire les conditions et enfin choisir quelqu'un pour l'accomplir.

Des divers legs. — Le testament peut contenir :

Un legs universel,

Ou un legs *à titre* universel,

Ou des legs particuliers,

Et cela que les dons soient faits sous la dénomination d'institution d'héritier, ou sous celle de legs.

Par le *legs universel,* le testateur donne à une ou plusieurs personnes l'universalité des biens qu'il laissera à son décès (art. 1003). Cependant si, après des legs particuliers, le testateur lègue le surplus de ses biens à une personne, cela constitue un legs universel.

Par le legs à *titre universel*, le testateur lègue une quote-part des biens dont la Loi lui permet de disposer, telle qu'une moitié, un tiers ou tous ses immeubles, ou tout son mobilier, ou une quotité fixe de tous ses immeubles, ou de tout son mobilier (art. 1010).

Par le legs à *titre particulier*, on entend tout autre legs qui n'a ni le caractère du legs universel ou du legs à titre universel (art. 1010). Ce legs n'est pas tenu des dettes et charges, sauf l'action hypothécaire sur l'immeuble légué et pour laquelle recours existe contre les héritiers et successeurs à titre universel, et sauf aussi la réduction du legs.

Le legs est *pur et simple* quand il doit produire tout son effet au décès du testateur.

Le legs est *à terme* lorsque la délivrance ne peut en être demandée qu'à l'époque fixée par le testateur.

Il est *conditionnel* lorsqu'il est soumis à l'arrivée d'un événement même incertain.

Le legs *grevé de charges* est celui qui impose d'acquitter quelque chose sur sa valeur. Il n'est pas valable si les charges dépassent son évaluation totale.

On verra plus loin dans quelles proportions la Loi permet de disposer de sa fortune lorsqu'il y a existence d'héritiers à réserve, soit des descendants ou ascendants, et l'explication de cette réserve.

III. — Capacités exigées par la Loi.

Capacité veut dire l'état de la personne capable.

Capable veut dire, dans le cas de testament : Posséder les

qualités requises ou exigées par la Loi : 1° Pour contracter et disposer de ce que l'on possède ; 2° ou pour recevoir ce qui est légué.

Celui qui n'a pas ces qualités se trouve frappé d'incapacité.

Dans les deux cas, *Testateur* ou *Légataire*, les incapacités sont :

Absolues, lorsqu'elles enlèvent totalement la faculté de léguer ou de recevoir ;

Relatives, lorsqu'elles restreignent seulement l'une ou l'autre.

Je ne citerai ainsi que les principaux cas, sans distinguer entre ceux absolus et ceux relatifs, et par ordre alphabétique, en faisant remarquer, tout d'abord, que toute personne majeure est présumée capable.

A. — Capacité du Testateur.

Le testateur doit être capable au moment où il fait son testament, aussi bien qu'à son décès, sauf le cas d'insanité d'esprit, qui, s'il n'existait pas, lors du testament, pourrait exister au décès, ce qui ne frapperait pas de nullité le testament.

Pour le testateur, on peut citer les cas suivants, quant à la capacité, pour les testaments olographes :

Abus de la force. — Voir Violence.

Acte mensonger. — Voir Dol.

Action de persuader. — Voir Suggestion.

Age avancé. — L'âge très avancé du testateur ne peut jamais suffire pour faire croire qu'il n'était pas sain d'esprit.

Aliénation mentale. — Pour faire un testament il faut être sain d'esprit (art. 901). Le majeur qui est dans un état *habituel* d'imbécillité, de démence ou de fureur, ne pourrait tester valablement, même s'il avait des intervalles lucides — et même s'il n'était pas interdit.

Cette maladie cérébrale est caractérisée par la disparition de l'intelligence, de la volonté raisonnable et de la sensibilité.

Artifices. — Voir Captation.

Autorisation du Mari ou du Tribunal. — Voir Femme mariée.

Brutalités. — Voir Passivité, Violence.

Captation. — Synonyme de suggestion, dans une certaine mesure.

C'est l'action de surprendre par insinuation, par ruse, par artifice et par fausses apparences, pour se rendre maître de la confiance et de la volonté d'autrui.

Mais des soins véritables et des attentions de bienveillance, quoique destinés à amener la reconnaissance du testateur, ne peuvent être assimilés à la captation, car ils n'ont pas le caractère frauduleux.

Cause déterminante du testament. — Voir Erreur.

Chose d'autrui. — Lorsque le testateur aura légué la chose d'autrui, le legs sera nul, soit que le testateur ait connu ou non qu'elle ne lui appartenait pas.

Concubinage. — Il ne peut être retenu comme moyen de captation ou de suggestion, mais il peut en devenir un élément, suivant les circonstances.

Conditions impossibles. — Dans toute disposition testamentaire les conditions impossibles, celles qui seront contraires aux lois ou aux mœurs, seront réputées non écrites (art. 900).

Conseil Judiciaire. — La personne pourvue d'un Conseil judiciaire ne peut plaider, transiger, emprunter, recevoir un capital mobilier *ni en donner décharge, aliéner*, ni grever ses biens d'hypothèque sans l'assistance de son Conseil (art. 499).

Démence. — Voir Aliénation mentale, Interdiction.

Direction de la main. — Voir Passivité.

Dol. — Il consiste dans une manœuvre basée sur la tromperie, la fraude ou sur un acte mensonger ou encore sur une mise en scène, le tout imaginé, et dont un individu se sert pour tromper une personne.

Erreur. — Si l'erreur a été la cause déterminante de la disposition testamentaire, la nullité de cette disposition pourrait en résulter.

Etat contemplatif. — Voir Passivité.

Etranger. — Est nul le testament fait en France par un étranger dans les formes indiquées par la loi de son pays d'origine, car la Loi française ne reconnait valable que le testament fait suivant ses prescriptions. Mais le Français peut faire son testament à l'étranger dans les formes usitées dans le lieu où le testament sera fait (art. 999).

Facultés mentales. — Voir Maladies, Ivresse.

Fausses apparences. — Voir Captation.

Femme mineure. — Voir Minorité.

Femme mariée. — Elle n'a pas besoin du consentement de son mari ni de l'autorisation du Tribunal pour faire son testament, si elle est majeure. — Voir Minorité.

Fraude. — Elle consiste dans la mauvaise foi, la tromperie et dans tout moyen illégitime et côupable qui est employé dans le but de s'assurer une chose ou d'obtenir un bénéfice au détriment du droit d'autrui.

Imbécillité. — Voir Aliénation mentale.

Infirmités. — Voir Maladies.

Interdiction. — La personne interdite ne peut tester valablement.

Ivresse. — Elle peut être une cause de nullité du testament si l'état d'ivresse du testateur était tel que, forcément, ses facultés intellectuelles se trouvaient atteintes ou altérées à cet instant.

Jalousie. — S'agit-il d'une jalousie ayant le caractère d'une passion violente, le testament écrit sous son empire pourrait être annulé.

Maladies. — Les maladies ou infirmités corporelles ne sont pas une cause de nullité des dispositions testamentaires.

Ainsi le testament serait valable bien que fait au moment où le testateur serait sur le point de mourir, s'il a conservé néanmoins l'usage de ses facultés mentales.

Manœuvres frauduleuses. — Voir Dol. — C'est aux juges du fond d'apprécier si un testament est le résultat de manœuvres frauduleuses.

Minorité. — Le mineur âgé de moins de seize ans ne peut faire de testament, il ne peut que donner par contrat de mariage (art. 903 et 1095) ;

Le mineur parvenu à l'âge de seize ans ne pourra disposer que par testament, et jusqu'à concurrence seulement de la moitié des biens dont la loi permet au majeur de disposer (art. 904).

Mise en scène. — Voir Dol, Suggestion.

Oppression. — Voir Violence.

Passivité. — La passivité est l'état opposé à l'action et à l'activité ; elle est caractérisée absolument par l'état contemplatif et l'inaction qui en est le résultat.

Ainsi le testament olographe est nul quand le testateur n'a été qu'une personne passive se laissant diriger la main par un tiers.

La passivité peut être acquise par l'acte de violence ou de brutalité contre la personne à qui on veut imposer sa volonté injustement.

Ruse. — Voir Captation.

Séquestration. — Si le testateur, affaibli par une maladie récente (en l'espèce une congestion), a été séquestré pendant les trois jours qui ont précédé le testament, et qu'il a disposé de sa fortune contrairement aux intentions qu'il avait manifestées précédemment, on peut voir, dans ces circonstances, le fait de captation (Rouen, 19 mars 1907).

Suggestion. C'est l'action de persuader de faire une chose contraire à la volonté d'autrui, à ses intérêts et à ceux des parents de la personne visée par un individu.

C'est l'instigation et l'encouragement à accomplir un acte qu'on sait contraire à la volonté d'autrui, et que la personne visée n'aurait pas accompli si elle n'avait été encouragée, guidée et amenée progressivement par des discours, une mise en scène et des actes préparés spécialement dans le but d'égarer la saine pensée et la liberté de la personne visée.

Tromperie. — Voir Dol.

Violence. — Est un acte de force, de brutalité dont on use contre le droit commun, contre la Loi, contre la liberté publique.

C'est le propre de ce qui est le résultat de l'abus de la force, et que rien ne peut légitimer. — C'est l'attentat à la liberté de tester, un acte voulu d'oppression.

C'est enfin le résultat d'un fait ou attentat contre la réflexion et l'exécution de l'acte naturel.

B. — Capacité de l'héritier ou légataire.

Parmi les cas ci-après quelques-uns sont absolus, mais la plupart sont relatifs. — En principe, le légataire doit être capable lors du testament comme au décès, — mais on admet généralement qu'il suffit qu'il soit capable au décès.

Acceptation.— Nul n'est tenu d'accepter une succession qui lui est échue (art. 775). — On peut accepter purement et simplement ou sous bénéfice d'inventaire. — Voir Nullité de l'acceptation.

Accusation capitale. — Voir Indigne.

Art de guérir. — Une personne qui exerce l'art de guérir ne peut recevoir un legs de celle qu'elle a soignée pendant la maladie dont elle est morte (Lyon, 17 juin 1896).

Assassinat. — Voir Indigne.

Attentat à la vie du testateur. — En ce cas la demande en révocation des dispositions testamentaires peut être formée (art. 1046).

Bénéfice d'inventaire. — Voir Acceptation.

L'héritier a trois mois pour faire inventaire, à compter du jour de l'ouverture de la succession (décès). Il a, de plus, pour délibérer sur son acceptation ou sur sa renonciation, un délai de 40 jours du jour de l'expiration des trois mois ci-dessus, ou du jour de la clôture de l'inventaire s'il a été terminé avant les trois mois (art. 795).

Charlatan. — Celui qui vend, généralement sur les places publiques, des drogues qu'il annonce posséder toutes les vertus.

Il est incapable de recevoir s'il a servi ces drogues à un malade pendant la maladie dont cette personne est morte, et si elle a testé en sa faveur (Lyon, 17 juin 1896).

Chirurgien. — Voir Médecins.

Chose d'autrui. — Si elle fait l'objet d'un legs, il est nul (art. 1021).

Chose indéterminée. — Lorsque le legs sera d'une chose indéterminée, l'héritier ne sera pas obligé de la donner de la meilleure qualité, et il ne pourra pas l'offrir de la plus mauvaise (art. 1022).

Communautés religieuses — Ne peuvent pas recevoir tant que leur existence n'a pas été légalement reconnue, comme du reste tous les êtres fictifs, soit Associations, Corporations, Établissements publics ou d'utilité publique, etc.

Concubinage. — N'est pas une cause d'incapacité de recevoir, — mais il peut en devenir un élément, d'après les faits.

Condamnation. — Voir Indigne.

Corporations. — Voir Communautés.

Créancier. — Le legs fait au créancier ne sera pas censé en compensation de sa créance (art. 1023).

Décès de l'héritier. — Lorsque celui à qui une succession est échue est décédé sans l'avoir répudiée, ou sans l'avoir acceptée expressément ou tacitement, ses héritiers peuvent l'accepter ou la répudier de son chef.

Si ces héritiers ne sont pas d'accord pour accepter ou pour répudier la succession, elle doit être acceptée sous bénéfice d'inventaire (art. 781 et 782). Voir Evénement incertain, survie.

Défaut de dénonciation du meurtre. — Voir Indigne.

Le défaut de dénonciation ne peut être opposé aux ascendants et descendants du meurtrier, ni à ses alliés au même degré, ni à son époux, ni à son épouse, ni à ses frères ou sœurs, ni à ses oncles et tantes, ni à ses neveux et nièces (art. 728).

Disposition réciproque et mutuelle. — Un testament ne pourra être fait dans le même acte par deux ou plusieurs personnes, soit au profit d'un tiers, soit à titre de disposition réciproque et mutuelle (art. 968).

Dol. — Voir Nullité de l'acceptation.

Domestique. — Le legs fait au domestique ne sera pas censé en compensation de ses gages (art. 1023).

Ecole libre. — Voir Société.

Empiriques. — Ceux qui pratiquent l'empirisme.

L'empirisme est un système de philosophie qui attribue à la seule expérience l'origine des connaissances humaines, et qui s'attache à recueillir des faits sans s'occuper à les lier ou rapprocher entr'eux par la synthèse, c'est-à-dire sans descendre des principes aux conséquences, ou sans rapprocher les causes des effets. — On a même dit que la théorie sans la pratique est un véritable empirisme.

L'incapacité de recevoir doit être appliquée à l'empirique exerçant illégalement la médecine, s'il a soigné un malade pendant la maladie dont il est mort, et si cette personne a testé en sa faveur (Lyon, 17 juin 1896).

Enfants adultérins ou incestueux. — La loi ne leur accorde que des aliments (art. 762). Mais ils peuvent recevoir.

Enfant conçu. — Pour être capable de recevoir par testament il suffit d'être conçu à l'époque du décès du testateur.

Mais le testament n'aura d'effet qu'autant que l'enfant sera né viable (art. 906).

Enfant de l'indigne. — Voir Indigne.

Enfant non viable. — L'enfant qui n'est pas né viable est incapable de succéder (art. 725).

Etablissements d'utilité publique. — Les dispositions par testament à leur profit et au profit des Hospices, des Pauvres d'une commune, n'ont d'effet qu'autant qu'elles sont autorisées par décret du Président de la République (art. 910).

Etat. — Les dons et legs faits à l'Etat, ou aux Services nationaux qui ne sont pas pourvus de la personnalité civile, sont autorisés par décret du Président de la République (Loi du 4 février 1901, art. 1er).

Etudiant en médecine. — Il pourrait être déclaré incapable de recevoir s'il a donné constamment des soins au testateur pendant la maladie dont cette personne est morte.

Evénement incertain. — Toute disposition testamentaire faite sous une condition dépendante d'un événement incertain, et telle, que, dans l'intention du testateur, cette disposition ne doive être exécutée qu'autant que l'événement arrivera ou n'arrivera pas, sera caduque, si l'héritier institué ou le légataire décède avant l'accomplissement de la condition (art. 1040).

Exercice illégal de la médecine. — Ceux qui se livrent à cette pratique sont incapables de recevoir par testament, s'ils ont soigné le testateur pendant la maladie dont il est mort (Lyon, 17 juin 1896).

Existence nécessaire. — Pour succéder il faut nécessairement exister à l'instant de l'ouverture de la succession (art. 725).

Femme mariée. — Elle ne peut pas valablement accepter une succession sans l'autorisation de son mari ou du Tribunal (art. 776), sauf le cas de séparation de corps (art. 311).

Garde-Malade. — A moins qu'elle ne pratique l'art de guérir elle est capable de recevoir.

Héritier renonçant. — Il est censé n'avoir jamais été héritier (art. 785).

Hospice. — Voir Etablissements d'utilité publique.

Incapable. — Voir Personnes interposées.

Incapacité de recueillir. — La disposition testamentaire sera caduque lorsque l'héritier institué ou le légataire se trouvera incapable de la recueillir. (art. 1043).

Indignes. — Sont indignes de succéder, et, comme tels, exclus des successions : 1° Celui qui sera condamné pour avoir donné ou tenté de donner la mort au défunt; 2° Celui qui a porté contre le défunt une accusation capitale jugée calomnieuse; 3° L'héritier majeur, qui, instruit du meurtre du défunt, ne l'aura pas dénoncé à la Justice (art. 727).

Les enfants de l'indigne, venant à la succession de leur chef, et sans le secours de la représentation, ne sont pas exclus pour la faute de leur père; mais celui-ci ne peut, en aucun cas, réclamer sur les biens de cette succession, l'usufruit que la Loi accorde aux pères et mères sur les biens de leurs enfants (art. 730)

Inexécution des conditions. — En ce cas la demande en révocation des dispositions testamentaires peut être formée (art. 1046).

Injure grave. — La demande en révocation des dispositions testamentaires, pour injure grave faite à la mémoire du testateur, doit être intentée dans l'année, à compter du délit (art. 1047). Voir Sévices.

Interdit. — La succession échue à la personne interdite ne peut être acceptée sans l'assistance de son tuteur (art. 502 et 776).

Jésuites. — La corporation des Jésuites, bannie de France, est inhabile à profiter d'un legs, soit directement, soit par personne interposée. — Mais l'individu isolément, bien que faisant partie d'une Société, a le droit de recevoir.

Cela s'applique à toutes espèces de corporations n'ayant pas d'existence légale.

Lésion. — Le majeur ne peut jamais réclamer sous prétexte de lésion, excepté seulement dans le cas où la succession se trouverait absorbée ou diminuée de plus de moitié par la découverte d'un testament inconnu au moment de l'acceptation (art. 783).

Magnétiseur. — Voir Exercice illégal de la médecine.

Mari médecin. — L'incapacité de recevoir par testament ne lui est pas applicable pour soins donnés à sa femme pendant la maladie dont elle est morte.

Médecin. — Les docteurs en médecine ou en chirurgie, les officiers de santé et les pharmaciens qui auront traité une personne pendant la maladie dont elle meurt, ne pourront profiter des dispositions testamentaires qu'elle aurait faites en leur faveur pendant le cours de cette maladie.

Sont exceptés : 1° Les dispositions rémunératoires faites à titre particulier, eu égard aux facultés du disposant et aux services rendus; 2° Les dispositions universelles dans le cas de parenté jusqu'au quatrième degré inclusivement, pourvu toutefois que le décédé n'ait pas d'héritiers en ligne directe; à moins que celui au profit de qui la disposition a été faite, ne soit lui-même du nombre de ces héritiers (art. 909).

Ministre du culte. — Les mêmes règles seront observées à l'égard du ministre du culte (art. 909);

Le ministre du culte doit offrir le modèle du désintéressement.

Minorité. — La succession échue au mineur ne peut être acceptée sans l'assistance de son tuteur, ou de son curateur s'il est émancipé (art. 776).

Nullité de l'acceptation. — Le majeur ne peut attaquer l'acceptation expresse ou tacite qu'il a faite d'une succession que dans le cas où cette acceptation aurait été la suite d'un dol pratiqué envers lui (art. 783).

Officier de santé. — Voir Médecin.

Officier de navire. — Les dispositions insérées dans un testament fait au cours d'un voyage maritime, à son profit, et s'il n'est parent ou allié du testateur, seront nulles et non avenues, qu'il s'agisse du testament olographe ou du testament maritime (art. 995).

Pauvres. — Voir Établissements d'utilité publique.

Personnes incertaines. — Est nulle la disposition qui n'indique pas les noms des bénéficiaires, ou qui ne les précise pas.

Personnes interposées. — Toute disposition au profit d'un incapable sera nulle, soit qu'on la déguise sous la forme d'un contrat onéreux, soit qu'on la fasse sous le nom de personnes interposées.

Seront réputées personnes interposées les père et mère, les enfants et descendants, et l'époux de la personne incapable (art. 911).

Le contrat onéreux est évidemment étranger à un testament, car c'est le contrat qui assujettit chaque partie à faire ou à donner quelque chose.

La personne interposée est celle qui prête son nom à un individu pour lui faciliter des avantages qu'elle ne pourrait obtenir sans cela, — c'est la personne prise par le testateur pour cela.

Perte de la chose léguée. — Le legs sera caduc si la chose léguée a totalement péri pendant la vie du testateur.

Caduc veut dire que le legs, valable dans son principe, a été, par un événement quelconque, privé de ses effets. — C'est la nullité accidentelle.

Il en sera de même si elle a péri depuis sa mort, sans le fait et la faute de l'héritier, quoique celui-ci ait été mis en retard de la délivrer, lorsqu'elle eût également dû périr entre les mains du légataire (art. 1042).

Pharmacien. — Voir Médecin.

Prescription. — La faculté d'accepter ou de répudier une succession se prescrit par le laps de temps requis par la prescription la plus longue des droits immobiliers (art. 789 et 2262), soit 30 ans.

Recel. — Les héritiers qui auraient diverti ou recelé des effets d'une succession sont déchus de la faculté d'y renoncer; ils demeurent héritiers purs et simples, nonobstant leur renonciation, sans pouvoir prétendre aucune part dans les objets divertis ou recelés (art. 792).

Répudiation de la succession. — La disposition testamentaire sera caduque, lorsque l'héritier institué ou le légataire la répudiera (art. 1043).

Renonciation à succession. — Elle ne se présume pas, elle doit être faite au Greffe du Tribunal civil dans l'arrondissement duquel la succession s'est ouverte, et sur un registre particulier (art. 784).

Sage-Femme. — Voir Médecin, Art de guérir.

Services nationaux. — Voir Etat.

Serviteurs. — Voir Domestiques.

Sévices. — La révocation des dispositions testamentaires peut être demandée pour sévices, délits ou injures graves (art. 1046).

Société Anonyme d'Ecoles libres. — Est nul le legs d'une rente fait à une société pareille qui ne s'est constituée qu'après le décès du testateur, car pour recueillir un legs il faut exister au moment où s'ouvre le droit à la libéralité.

Substitutions prohibées. — Les substitutions sont prohibées. — Toute disposition par laquelle le donataire, l'héritier institué ou le légataire sera chargé de conserver et de rendre à un tiers, sera nulle, même à l'égard du donataire, de l'héritier institué ou du légataire (art. 896).

Par exemple a le caractère d'une substitution prohibée, le legs universel fait par le testateur à sa sœur, avec jouissance de la fortune jusqu'à la mort de cette dernière, *fortune devant revenir à un tiers* si elle meurt sans enfant, et à ses enfants s'ils survivent.

Mais les substitutions sont permises en faveur des petits-enfants du testateur ou des enfants de ses frères et sœurs (art. 897 et 1048).

Et si une tierce personne est appelée à recueillir l'hérédité ou le legs dans le cas où l'héritier institué ou le légataire ne le recueillerait pas, cette disposition sera valable (art. 898).

Est valable aussi la disposition d'un testament léguant l'usufruit à l'un et la nue-propriété à l'autre (art. 899).

Succession éventuelle. — On ne peut, même par contrat de mariage, renoncer à la succession d'une personne vivante ni aliéner les droits éventuels qu'on peut avoir à cette succession (art. 791).

Syndicats professionnels. — N'ont pas besoin de l'autorisation du Gouvernement pour accepter les dons et legs qui leur sont faits (Seine, 16 juillet 1896).

Survie. — Toute disposition testamentaire sera caduque si celui en faveur de qui elle est faite n'a pas survécu au testateur (art. 1039).

Suspension de l'exécution de la disposition testamentaire. — Cette condition n'empêchera pas l'héritier institué ou le légataire d'avoir un droit acquis et transmissible à ses héritiers (art. 1041).

Tuteur. — Le mineur, quoique parvenu à l'âge de seize ans, ne pourra, même par testament, disposer au profit de son tuteur. — Le mineur devenu majeur, ne pourra disposer par testament au profit de celui qui aura été son tuteur, si le compte définitif de la tutelle n'a été préalablement rendu et apuré.

Sont exceptés dans les deux cas ci-dessus, les ascendants des mineurs qui sont ou qui ont été leurs tuteurs (art. 907).

IV. — De la quotité ou portion disponible.

C'est la portion de biens dont la Loi permet de disposer par testament, dans des circonstances qu'elle détermine.

L'action du testateur de lever, avant tout partage, cette portion sur une masse de biens pour la léguer à l'un des héritiers en dehors de sa part, s'appelle legs par *preciput et hors part.*

Cette portion ou quotité disponible est ainsi léguée, par preciput et hors part à l'un des héritiers, en outre de sa part dans le surplus de la masse des biens.

L'héritier, ainsi favorisé, n'a jamais à en tenir compte aux autres, soit en rapportant la chose donnée, soit en rapportant la valeur à la masse de la succession du testateur.

Cette portion disponible peut être constituée en argent, en meubles ou en immeubles.

Etant composée des biens non réservés aux héritiers réservataires, ci-après énumérés, elle varie d'importance suivant la qualité et le nombre des héritiers réservataires.

Mais tous les biens sont disponibles pour le testateur qui n'a pas d'héritier ou qui n'a que des héritiers non réservataires.

Le contraire de la portion ou quotité disponible est la réserve.

Réserve veut dire portion de biens que la Loi déclare non disponible, c'est-à-dire que le testateur, qui a des héritiers réservataires, ne peut pas léguer.

La réserve profite à l'enfant légitime, à l'enfant naturel reconnu, aux père et mère, aux aïeux dans certains cas.

Les petits-enfants ne sont comptés ensemble que pour la part revenant à l'enfant qu'ils représentent, soit pour une seule tête d'héritier à réserve;

Les enfants légitimés ou adoptifs sont, au point de vue de la réserve, assimilés aux légitimes.

Les héritiers à réserve ont donc un droit aux biens du testateur *dont ils ne peuvent jamais être dépouillés*, même pour partie.

La réserve varie également d'importance suivant la qualité et le nombre des héritiers à réserve, et ces derniers y ont seuls droit qu'ils soient héritiers purs et simples ou héritiers sous bénéfice d'inventaire.

Le testament, s'il touchait à cette réserve, excèderait alors la quotité disponible, et il serait réduit à cette quotité à l'ouverture de la succession (art 920).

A. — Calcul de la portion disponible.

On forme une masse de tous les biens existants au décès du testateur : on y réunit fictivement tous ceux dont il a été disposé par donation entre-vifs, d'après leur état à l'époque des donations et leur valeur au temps du décès du donateur.

On fait ensuite la déduction des dettes;

Et alors on calcule, après cette déduction, quelle est la quotité dont le testateur a pu disposer, eu égard à la qualité des héritiers qu'il laisse (art. 922).

L'héritier indigne s'il ne reçoit rien, compte néanmoins fictivement pour le calcul.

Mais *l'héritier disparu*, c'est-à-dire *absent*, soit que l'absence ait été déclarée ou qu'il y ait seulement présomption d'absence, ne doit pas compter. Il est considéré comme n'existant pas relativement à la quotité disponible (art. 135 et 136), à moins que l'on vienne à prouver son existence.

S'il n'y a pas d'héritier à réserve, la quotité disponible et la réserve n'existent plus, le testateur pourra alors léguer, même à un étranger, la totalité de ses biens (art. 916).

B. — Des Libéralités basées sur la portion disponible

Ces libéralités doivent être faites par preciput et hors part, comme il est dit plus haut.

En léguant la quotité disponible, le testateur a le droit d'indiquer sur quels biens elle sera prélevée.

Les proportions indiquées par la Loi, pour la portion des biens disponible, sont énoncées aux articles 913 et suivants, soit notamment dans les cas d'existence des héritiers réservataires ci-après :

Enfants légitimes. — 1° La moitié des biens s'il n'existe au décès qu'un seul enfant; — 2° Le tiers s'il y a en deux; — 3° Le quart s'il y a en trois ou un plus grand nombre (art. 913).

Enfant adoptif. — Il n'a aucun droit de successibilité sur les biens *des parents* des personnes qui l'ont adopté ;

Mais il a, sur la succession de ces dernières, les mêmes droits que ceux d'un enfant né du mariage des adoptants, même quand il y aurait d'autres enfants de cette dernière qualité nés depuis l'adoption (art. 350).

Enfant naturel légalement reconnu. — La réserve, à son profit, est une quotité de celle qu'il aurait eue s'il eût été légitime, calculée en observant la proportion qui existe entre la portion attribuée à l'enfant naturel au cas de succession *ab intestat* (sans testament) et celle qu'il aurait eue dans le même cas s'il eût été légitime (art. 913).

Le droit héréditaire de l'enfant naturel, dans la succession de ses père et mère, est fixé ainsi qu'il suit :

1° Si le père ou la mère a laissé des descendants légitimes, ce droit est de la moitié de la portion héréditaire qu'il aurait eue s'il eût été légitime (art. 758).

2° Si les père et mère ne laissent pas de descendants, mais bien des ascendants, ou des frères ou sœurs, ou des descendants légitimes de frères ou sœurs, le droit est des trois quarts (art. 759)

3° Si les père et mère ne laissent ni descendants, ni ascendants, ni frères ou sœurs, ni descendants légitimes de frères ou sœurs, l'enfant naturel a droit à la totalité des biens (art. 760).

4° En cas de prédécès des enfants naturels, leurs enfants et descendants peuvent réclamer les droits fixés par les articles précédents (art. 761). — S'il n'y a pas de descendants, la succession est dévolue au père ou à la mère qui a reconnu l'enfant naturel, ou par moitié à tous les deux s'il a été reconnu par les deux (art. 765).

On peut reconnaître un enfant naturel même après son décès, et cela donne aussi droit à sa succession.

Mais les père et mère de l'enfant naturel reconnu n'ont pas droit à une réserve dans sa succession.

Enfants adultérins et incestueux. — La Loi ne leur accorde que des aliments qui sont réglés eu égard aux facultés (situation de fortune) du père et de la mère, au nombre et à la qualité des héritiers légitimes (art. 762, 763).

Lorque le père ou la mère de l'enfant adultérin ou incestueux lui auront fait apprendre un art mécanique, ou lorsque l'un d'eux lui aura assuré des aliments de son vivant, l'enfant ne pourra élever aucune réclamation contre leur succession (art. 764).

Ascendants. — Les libéralités ne pourront excéder la moitié des biens, si, à défaut d'enfant, le défunt laisse un ou plusieurs ascendants dans chacune des lignes paternelle et maternelle, et les trois quarts s'il ne laisse d'ascendants que dans une ligne.

Les biens ainsi réservés au profit des ascendants seront par eux recueillis dans l'ordre où la Loi les appelle à succéder; ils auront seuls droit à cette réserve, dans tous les cas où un partage, en concurrence avec des collatéraux, ne leur donnerait pas la quotité de biens à laquelle elle est fixée (art. 914).

Les père et mère ont toujours droit à la réserve; mais les aïeuls n'y ont plus droit s'il existe des frère ou sœur du testateur défunt, à moins que ces derniers n'aient renoncé à la succession.

Ascendants et enfants naturels. — Lorsque, à défaut d'enfants légitimes, le défunt laisse à la fois un ou plusieurs enfants naturels et des ascendants dans les deux lignes, ou dans une seule, les libéralités ne pourront excéder la moitié des biens du disposant s'il n'y a qu'un enfant naturel, — le tiers s'il y en a deux, — le quart s'il y en a trois ou un plus grand nombre.

Les biens ainsi réservés seront recueillis par les ascendants à concurrence d'un huitième de la succession, et le surplus par les enfants naturels (art. 915).

Epoux ou Epouse. — I. Le conjoint survivant, non divorcé, ou contre lequel il n'existe pas de jugement de séparation de corps définitif, et qui ne succède pas à la pleine propriété, a sur la succession du prédécédé *un droit d'usufruit* qui est :

1° D'un quart si le défunt laisse un ou plusieurs enfants issus du mariage;

2° D'une part d'enfant légitime le moins prenant, sans qu'elle puisse excéder le quart, si le défunt a des enfants nés d'un précédent mariage;

3° De moitié dans tous les autres cas, quels que soient le nombre et la qualité des héritiers.

Le calcul sera opéré sur une masse faite de tous les biens existant au décès, auxquels seront réunis fictivement ceux dont le défunt aurait disposé, soit par acte entre vifs, soit par acte testamentaire, et sans préjudicier aux droits de réserve ni aux droits de retour.

Le conjoint cessera d'exercer ce droit dans le cas où il aurait reçu du défunt des libéralités, même faites par preciput et hors part, dont le montant atteindrait celui des droits précités;

Et si ce montant était inférieur il ne pourrait réclamer que le complément de son usufruit.

En cas de nouveau mariage l'usufruit du conjoint cesse s'il existe des descendants du défunt (art. 767).

II. S'il n'y a pas d'enfants ou de descendants et qu'il n'existe pas non plus d'ascendants, la libéralité de l'époux à son conjoint peut épuiser la totalité des biens (art. 916).

III. S'il n'y a pas d'enfant ni descendants, mais qu'il existe un ou plusieurs ascendants dans chacune des lignes paternelle et maternelle, la libéralité ne peut excéder la moitié des biens.

S'il n'y a des ascendants que dans une ligne, et pas d'enfant ni descendants, la libéralité ne peut excéder les trois-quarts des biens (art. 914).

IV. S'il y a des enfants ou descendants, la libéralité entre époux ne pourra excéder un quart en propriété et un autre quart en usufruit, — ou la moitié de tous les biens en usufruit seulement (art. 1094).

Mais quel que soit le nombre des enfants la quotité disponible est toujours la même.

Au cas où le testament contiendrait un legs d'époux à époux ainsi écrit : « Je lègue à mon mari tout ce dont je peux disposer en sa faveur », la libéralité doit comprendre évidemment toute la portion disponible ci-dessus, c'est-à-dire le quart en propriété et un autre quart en usufruit.

V. Existence d'enfants issus d'un précédent mariage.

L'époux ne peut donner à son nouvel époux qu'une part d'enfant légitime le moins prenant, et sans que, dans aucun cas, ces donations puissent excéder le quart des biens (art. 1098).

Par exemple s'il y quatre enfants, le deuxième époux n'aura ainsi qu'un cinquième, — s'il y a cinq enfants, il n'aura qu'un sixième.

Mais s'il n'y a qu'un ou deux enfants, il n'aura jamais que son quart.

On doit faire entrer dans le compte du nombre des enfants tous les enfants nés des deux lits.

VI. L'époux ne laisse ni parents au degré successible, ni enfants naturels.

Alors les biens de sa succession appartiennent à son conjoint, non divorcé, qui lui survit, et contre lequel n'existe pas de jugement de séparation de corps passé en force de chose jugée (définitif) — (art. 767).

Mais le conjoint survivant est toujours considéré comme un successeur irrégulier (Cassation, 8 février 1898).

Epoux absent. — Si l'époux absent n'a point laissé de parents habiles à lui succéder, l'autre époux peut demander l'envoi en possession provisoire de ses biens (art. 140).

Par personne absente on entend celle qui a quitté son domicile ou sa résidence et dont on n'a pas de nouvelles depuis quatre ans (art. 115).

Les héritiers présomptifs de l'absent peuvent, en vertu du jugement définitif qui aura déclaré l'absence, se faire envoyer en possession provisoire de ses biens, à charge de donner caution (art. 120).

L'époux commun en biens, s'il opte pour la continuation de la communauté, pourra empêcher l'envoi provisoire et l'exercice provisoire de tous les droits subordonnés à la condition du décès de l'absent, — et prendre ou conserver par préférence l'administration des biens de l'absent (art. 124).

Parents adoptifs. — Si l'adopté meurt sans descendants légitimes, les choses données par l'adoptant, ou recueillies dans sa succession, et qui existeront en nature lors du décès de l'adopté, retournent à l'adoptant où à ses descendants, à la charge de contribuer aux dettes, et sans préjudice du droit des tiers (art. 351, § 1).

Si, du vivant de l'adoptant, et après le décès de l'adopté, les enfants, ou descendants laissés par celui-ci, mouraient eux-mêmes sans postérité, l'adoptant succèdera aux choses par lui données, comme il est dit en l'article 351 ; mais ce droit sera inhérent à la personne de l'adoptant, et non transmissible à ses héritiers, même en ligne descendante (art. 352).

Propres parents de l'adopté. — Le surplus des biens de l'adopté (après ce qui est dit au paragraphe 1er ci-dessus de l'article 351) appartiendra à ses propres parents ; et ceux-ci excluront toujours, pour les objets même spécifiés au présent article, tous héritiers de l'adoptant autres que ses descendants (art. 351, § 2).

V. — Dispositions permises en faveur des petits-enfants du testateur, ou des enfants de ses frères et sœurs.

C'est ce qu'on appelle les *Substitutions permises :*

1° Les pères et mères peuvent donner leurs biens, en tout ou en partie, à un ou plusieurs de leurs enfants, par testament, en stipulant que c'est avec charge de rendre ces biens aux enfants nés et à naître, *au premier degré seulement* (art. 1048).

2° Il a été jugé que cette faculté peut être exercée par le père à l'enfant naturel reconnu, en lui imposant de rendre les biens aux enfants légitimes du dit enfant naturel,

3° Est valable, en cas de mort sans enfants, la disposition testamentaire au profit d'un de ses frères ou sœurs, de tout ou partie des biens du testateur et qui ne sont point réservés par la Loi dans sa succession, si le testateur impose la charge de rendre les biens, ainsi légués, aux enfants nés et à naître, *au premier degré seulement*, desdits frères ou sœurs donataires (art. 1049).

4° Mais les dispositions permises par les articles précités ne seront valables qu'autant que la charge de restitution sera au profit de tous les enfants nés et à naître du grevé, sans exception ni préférence d'âge ou de sexe (art. 1050).

5° On appelle *grevé* celui qui est ainsi institué à la charge de restitution, et *appelé* celui qui doit lui succéder.

6° Le testateur peut nommer un tuteur chargé de faire exécuter la disposition permise qui, notamment, doit être transcrite au bureau des hypothèques de la situation des biens légués (art. 1055 et 1069), et de faire procéder à l'inventaire (art. 1060).

VI. — De l'exécuteur testamentaire.

Le testateur peut nommer un ou plusieurs exécuteurs testamentaires (art. 1025).

L'exécuteur testamentaire est chargé de faire exécuter le testament; c'est le mandataire général du testateur pour surveiller l'exécution de ses dernières volontés.

Ce n'est point une charge publique, mais pour ainsi dire un service rendu à la mémoire du testateur, par un ami ou par une personne de confiance.

Le testateur peut lui donner la saisine du tout, ou seulement d'une partie de son mobilier;

Mais cette saisine ne pourra durer au delà de l'an et jour à compter du décès du testateur. — Si elle ne lui a pas été donnée, l'exécuteur testamentaire ne pourra l'exiger (art. 1026).

On entend par *saisine*, la possession qui appartient de plein droit à l'héritier légitime ; mais dans le cas d'exécuteur testamentaire, cette possession n'est accordée que pour lui permettre d'exécuter le testament.

L'exécuteur testamentaire fera apposer les scellés s'il y a des héritiers mineurs, interdits ou absents, et dresser l'inventaire ; il fera vendre le mobilier à défaut d'argent pour payer les legs et pourra soutenir la validité du testament. Mais à l'expiration de l'année du décès du testateur il devra rendre compte de sa gestion (art. 1031).

Les frais sont à la charge de la succession (art. 1034).

Les pouvoirs ne passent pas à ses héritiers (art. 1032).

Le testateur ne peut nommer pour exécuteur testamentaire une personne qui ne peut s'obliger (art. 1028), c'est-à-dire un incapable, mineur même émancipé serait-il autorisé de son tuteur ou curateur (art. 1030), femme mariée, etc. ;

Cependant la femme mariée pourrait accepter avec le consentement de son mari, ou avec celui du Tribunal, si elle est séparée de biens et que son mari lui refuse l'autorisation (art. 1029).

VII. — Formes exigées pour le testament olographe.

A. — Ecriture.

1° L'écriture doit être faite, en entier, de la main du testateur.

L'écriture est non seulement la manière de tracer et de former des caractères ou lettres pour en faire des mots et des phrases ; mais c'est encore l'art de communiquer exactement ses idées et ses intentions, de façon à exprimer sa pensée et sa volonté pour un fait ou pour une situation qu'on veut dépeindre ou créer.

Dans le testament olographe aucun mot, même inutile ou superflu, ne peut être écrit par une personne quelconque, parente proche ou éloignée, ou même étrangère, autre que le testateur;

Et quand bien même ce mot n'ajouterait ni n'enlèverait rien à la pensée et à la volonté manifestées par le testateur en l'acte.

Ce simple mot, d'une autre personne, rendrait le testament absolument nul.

Il ne serait plus l'intention unique et le résultat écrit de la volonté du testateur, car l'adjonction de ce seul mot, ne serait-il composé que d'une syllabe, suffirait pour démontrer que le testateur n'a pas délibéré seul sur son acte et qu'une autre personne y aurait collaboré.

On a voulu discuter sur le texte de l'article 970, en soutenant que le mot, mis par un tiers, ne pourrait vicier le testament qu'autant qu'il serait prouvé qu'il fait véritablement partie du testament.

On a aussi soutenu que l'assistance d'un étranger ne vicierait pas l'acte, s'il est écrit en entier de la main du testateur.

Mais il n'en est pas moins certain, d'après l'article 970, que si le testateur ne veut pas qu'on discute plus tard, il fera sagement de délibérer et d'écrire seul.

2° On a prétendu aussi qu'il n'y a pas nécessité d'approuver les ratures, surcharges, renvois, interlignes que le testateur a pu faire en écrivant l'acte.

Mais la prudence qui, à ce moment surtout, doit être le propre de la personne qui teste, recommande au contraire que toutes précautions soient prises pour mettre l'héritier ou le légataire, à l'abri des discussions.

Mots raturés. — Le testateur devra donc compter les mots qui ont été raturés, et il en fera la mention à la fin du testament, avant la date et avant la signature, autant que possible en écrivant ainsi cette mention, et lui seul : « La rature de...... mots est par moi approuvée. »

Est-il trop tard pour inscrire cette mention avant les date et signature venant d'être apposées, le testateur n'aura qu'à l'écrire en marge, en datant de la même date que le testament, et en signant.

Un jugement du 12 mars 1908 (Dôle) décide implicitement que l'approbation des mots raturés constitue une des formes de validité du testament.

Cependant la rature est présumée l'œuvre du testateur, et c'est à la personne qui demande la nullité du testament à faire la preuve que la rature ne provient pas du testateur (Seine, 7 janvier 1908).

Dans tous les cas, et comme on le voit, le défaut d'approbation des mots raturés peut causer un procès.

Il appartient au testateur de l'éviter.

Renvois. — Le testateur devra aussi approuver les renvois écrits en marge du testament, ou à un autre endroit du ou des feuillets contenant le testament, en datant de la même date que le testament, et en signant,

Pour cela il n'aura qu'à écrire immédiatement après le renvoi les mots « Renvoi approuvé », dater et signer.

Il devra indiquer par un signe bien apparent, l'endroit exact où doit s'adapter le mot ou la phrase formant le renvoi, par exemple par une croix, comme ceci : †.

Ce signe doit exister en tête du renvoi, et à l'endroit précis du testament où le renvoi s'adapte.

Si le testateur écrit deux, trois, quatre renvois, il devra, pour les distinguer tous, mettre deux, trois, quatre branches au signe, et faire en sorte de bien indiquer l'endroit correspondant au renvoi dans le texte primitif.

Surcharges. — (Mots écrits sur d'autres mots).

Il est préférable de raturer le mot surchargé ou la phrase surchargée, — et ensuite d'écrire en marge, et par un simple renvoi comme il est expliqué ci-dessus, le mot exact ou la phrase exacte. — Bien entendu on devra compter les mots raturés et les approuver ainsi, que le renvoi, en employant la mention : « La rature de..... mots est approuvée ainsi que le présent renvoi. »

Le testateur ne veut-il pas raturer les mots surchargés, il devra, pour éviter toute interprétation éventuelle et un procès possible, répéter exactement, en marge, ce qui doit subsister définitivement de la partie surchargée, comme un renvoi ordinaire, en faisant précéder le mot ou la phrase, de l'expression : « Je dis ». — Il approuvera ensuite comme un renvoi, en datant de la même date que le testament et en signant.

Interlignes. — (Ecriture posée entre deux lignes, et après établissement d'un texte.)

Il vaut mieux, également, les remplacer par des renvois dont l'effet sera plus probant, à condition que ces renvois remplissent les conditions énoncées ci-dessus.

Papier à employer. — La Loi n'exige ni n'ordonne que le testament soit écrit sur papier timbré.

Mais s'il est écrit sur papier libre, il y aura perception d'une amende, outre droits de timbre, lorsque le testament sera présenté à la formalité de l'enregistrement.

Il peut être écrit sur plusieurs feuillets séparés, pourvu qu'il existe entre l'écriture de ces feuillets une liaison suffisante qui n'en forme qu'un seul acte, et qui ne puisse prêter à interprétation.

Encre ou Crayon. — Le testament doit être écrit, autant que possible, d'une seule encre ordinaire. Une écriture de deux encres différentes pourrait prêter à critique, car on pourrait prétendre que le testament n'a pas été écrit à la seule date y indiquée, la différence d'encre pouvant ainsi constituer une présomption, qui serait légère à la vérité, car la Loi n'interdit pas d'écrire avec deux encres.

Du reste le testament peut être écrit avec tout autre produit liquide permettant de tracer une écriture lisible et difficile à faire disparaître.

Le testament peut même être écrit au crayon, mais l'emploi du crayon ne peut guère être conseillé parce que l'écrit peut être effacé facilement.

Intervalles en blanc. — S'il existe des lignes non écrites, ou un intervalle quelconque non écrit, formant, dans l'un ou l'autre cas, un espace en blanc entre deux alinéas, cela ne peut atténuer la valeur du testament, la Loi n'en parlant pas.

Lettre, Note ou Projet. — Une simple *lettre* peut avoir le caractère d'un testament, si elle remplit les conditions imposées par la Loi pour les testaments (Aix, 30 décembre 1907).

Un écrit contenu dans une enveloppe cachetée aux initiales du testateur sur laquelle se trouve le mot « Testament » constitue un testament valable, quand bien même il porterait le mot *Projet* dans un coin, et quand il commence par ces mots : « Ceci est mon testament », s'il est rédigé dans un style clair, précis, logique (Dôle, 12 mars 1908).

Un testament qui porterait la rubrique ou désignation : *Note* ou *Projet*, n'en sera pas moins valable s'il est écrit en entier, daté et signé par le testateur.

Vaut également comme testament, la disposition écrite, de la main de l'assuré, datée et signée par lui, au dos d'une police d'assurance sur la vie.

Codicille. — C'est la disposition écrite par laquelle le testateur peut, à la suite du testament, changer ou ajouter quelque chose à ce testament. — Le codicille est soumis aux mêmes formes que le testament, à peine de nullité. — Le codicillant est la personne qui fait le codicille.

Post-Scriptum. — Un post-scriptum n'est qu'une disposition additionnelle et ne peut être considéré que comme une explication ou un complément nécessaire au testament.

On peut lui assigner la même date qu'au testament (Dôle, 12 mars 1908).

Il appartient aux juges d'apprécier souverainement la liaison qui existe entre la clause additionnelle et le texte primitif (Cassation, 21 février 1906).

B. — Date

On entend, par date, l'indication des jour, mois, an et lieu où un acte a été fait, ou une chose accomplie;

C'est aussi le chiffre ou signe qui indique cela.

C'est par la date seule qu'on peut connaître l'époque où un testament olographe a été fait.

Manière de l'exprimer. — La date doit être donnée en toutes lettres dans le testament.

Les jour, mois et an à indiquer sont ceux de l'époque ou temps de la confection même du testament.

Un testament qui ne contiendrait pas la date complète serait nul, car il faut les trois circonstances bien précises : Jour, mois, an.

Si le testament est fait sur plusieurs feuilles, il n'est pas nécessaire que toutes soient datées.

Mais il n'est pas indispensable d'indiquer le pays, lieu de la confection; cependant c'est plus rationnel, bien que la mention du pays où le testament a été fait, ne constitue pas un élément nécessaire de la date.

La date doit donc être précise, car des testaments ont été annulés comme ne portant pour date que l'énonciation de l'année. — Le codicille écrit sans date, après le testament, est nul.

Incertitude de la date. — L'incertitude de la date vicie un testament olographe, autant que son omission elle-même.

Il en serait ainsi si elle se trouvait surchargée de façon à rendre la date incertaine.

Cependant il a été jugé que la date n'est pas incertaine s'il est possible de la préciser à l'aide du testament (Cassation, 1er février 1905).

La date ne peut évidemment prêter à interprétation, par exemple s'il y avait deux dates se suivant, dont l'une exclut l'autre, par exemple si le testateur avait écrit : « Fait le cinq ou le six Janvier mil neuf cent », au lieu lieu d'avoir écrit la date exacte, soit le cinq, soit le six ;

Et cela à moins qu'il y ait confirmation de la date exacte du testament dans le corps même de l'acte.

Mais le testament ne serait pas nul s'il y avait deux dates différentes, soit une au commencement et une à la fin, car la Loi n'oblige pas à faire le testament en un jour.

La date peut se trouver au commencement ou à la fin.

Mais il est plus prudent de la placer avant la signature.

Véracité de la date. — Il faut, pour que le testament soit valable, que la date soit vraie ;

On ne pourrait, par exemple, écrire : Trente février, trente-un avril, trente-deux mai ;

Ou écrire les jour, mois et an d'une façon incomplète ;

Autrement le testament serait nul.

De même qu'il serait nul s'il portait une date postérieure au décès du testateur.

Le principe est que la date, non fausse, donne l'authenticité au testament.

Une fausse date équivaut à l'absence de la date.

Et si le testament portait une date antérieure au millésime imprimé dans le filigrane du timbre, il serait nul.

La preuve de la fausseté de la date ne peut résulter que du testament lui-même ;

Et les juges ne peuvent rectifier la date qu'à condition que la rectification ressorte du testament lui-même.

C. — Signature.

Signature veut dire : Nom d'une personne, écrit de sa main, tel qu'elle l'écrit habituellement avec les signes spéciaux ou marques distinctives dont elle accompagne ce nom pour en faire une signature originale et propre à elle seule.

C'est aussi l'action d'apposer ce nom avec les signes ou marques, le tout constituant l'originalité ou spécialité de la signature

Manière de signer. — Ce nom doit être orthographié comme celui porté à l'état civil de la personne et dans les actes notariés ou autres qu'elle a pu passer; — c'est le nom de famille qui forme généralement la signature, dont il est la partie essentielle.

Il est inutile que la signature comporte le prénom;

Mais si, par habitude, la personne signe toujours avec un ou deux prénoms, outre les signes spéciaux ou marques originales, elle devra toujours signer de la même façon.

La femme mariée doit signer comme elle le fait habituellement; mais si elle signe seulement avec son prénom et avec le nom que lui donne son mari, il conviendra, dans le testament, qu'elle ajoute au-dessous de sa signature habituelle son nom de fille, par exemple en mettant : « née X..... »;

Si le testateur était malade et qu'il ne puisse apposer le paraphe habituel qui accompagne son nom écrit comme signature, cette signature n'en serait pas moins valable.

Serait nul un testament qui porterait par exemple : « Fait et « signé à X..., *par moi*, *Durant*, le trente-un Janvier mil neuf « cent », si cette phrase n'est pas suivie de la signature.

L'article 970 exige formellement la signature.

Mais s'il n'en spécifie pas la forme, il n'en est pas moins vrai qu'on ne peut prendre comme signature, le simple nom du testateur écrit dans une phrase du testament, serait-ce la dernière phrase du texte.

Place de la signature. — Donc la signature doit exister nettement à part.

Mais l'article 970, s'il exige impérativement la signature, n'indique pas la place où elle doit être apposée.

Ainsi il a été jugé qu'il n'est pas nécessaire qu'elle suive la dernière phrase du testament, ni la date.

Elle peut donc être apposée avant ou après la date du testament.

Il est prudent que date et signature, ou signature et date, suivent immédiatement la dernière phrase du testament, en raison de ce que la marge doit être réservée aux renvois, approbations de surcharges ou de mots nuls qui peuvent être créés par le testateur lorsqu'il aura lu ce qu'il a primitivement écrit, et qu'il aura délibéré si cette première pensée doit être maintenue écrite.

Doivent être signées, à peine de nullité, outre la date, les additions faites en marge lorsqu'elles sont postérieures au corps du testament et constituent, non pas de simples clauses explicatives, mais des dispositions nouvelles et distinctes.

Le codicille écrit au bas d'un testament et qui ne serait pas signé, serait nul.

Quand le testament a été écrit sur plusieurs feuillets, il n'est pas nécessaire que toutes ces feuilles soient signées, la signature apposée sur la dernière feuille peut suffire.

Le testament dont la signature est en partie déchirée peut être déclarée valable, suivant les circonstances.

D. — Formules d'un testament olographe ordinaire.

1° La formule suivante pourra servir dans n'importe quel cas, puisqu'elle est basée sur le legs de tout ce que le testateur peut diposer ;

Il est, en effet, bien inutile de préciser la quotité puisqu'elle est prévue par la Loi, comme il est ci-dessus expliqué, et d'après l'existence des héritiers à réserve :

« Je soussigné (prénoms) X (nom)... (profession) demeurant « à X..... Rue.... N°..., sain de corps et d'esprit, ai fait, ce jour, « mon testament ainsi qu'il suit :

« Je lègue par preciput et hors part à M... (prénom) X (nom), « (profession) demeurant à X....., Rue....., N°...., tout ce que « la Loi me permet de disposer en sa faveur, sans exception ni « réserve, sur la totalité des biens qui composeront ma succes- « sion, pour en faire et disposer, au jour de mon décès, comme « de chose à lui appartenant, —

« Le dispensant, en tant que de besoin, de fournir caution et « de faire emploi. »

« Fait à X...., le .... (date du jour, nom du mois et millésime « de l'année en toutes lettres).

« Signature »

2° Le testateur est-il malade ? Ecrire à la place des mots : « sain de corps et d'esprit » ceux suivants : « Malade de corps mais sain d'esprit ».

3° Veut-il ne donner qu'une partie de ce que la Loi permet de disposer; Ecrire : « Je lègue, etc., la moitié, ou le tiers, ou le quart, etc., de ce que la Loi me permet de disposer. »

4° Veut-il instituer un légataire universel; Ecrire : « J'institue pour légataire universel M. X., etc. ».

5° Veut-il instituer, en même temps que le légataire universel, des legs particuliers; Ecrire : « J'institue pour légataire universel « M. X., etc., à la charge des legs particuliers suivants qui « seront payés nets de tous frais et droits, savoir : 1° tant à « M. Z., demeurant à X, Rue ...., N°... ; 2° etc., etc. ».

6° S'agit-il d'instituer un legs à titre universel, écrire alors : « J'institue M. X., demeurant à X., Rue......, N°......, comme « légataire à titre universel pour la quotité de... (l'indiquer) ».

7° Veut-il faire un simple legs à titre particulier, écrire : « Je lègue à M. X., demeurant à X., Rue....., N°...., et à titre « particulier, une somme de........ nette de tous frais et droits, etc. ». Si la chose léguée est un objet on l'indique exactement.

Etc , etc., le tout suivant les droits et indications qui sont contenus au chapitre 4, Quotité ou portion disponible;

Mais toujours en mettant la phrase exigée *« pour en disposer après mon décès »*.

Usufruit. — Le testateur devra, s'il veut assurer la tranquillité de son légataire, en cas de legs d'usufruit seulement, *déclarer le dispenser de fournir caution et de faire emploi;* — Et cette disposition du testament doit être bien claire et formelle;

En effet, l'usufruit est le droit de jouir des choses dont un autre à la propriété, et ainsi qu'en jouirait le propriétaire lui-même, mais l'usufruitier a la charge de conserver la *substance* des choses frappées de son droit de jouissance (art. 578).

L'usufruitier doit donner caution de jouir en bon père de famille, s'il n'en est dispensé par l'acte constitutif de l'usufruit (art. 601); cependant les père et mère ayant l'usufruit légal du bien de leurs enfants, le vendeur ou le donateur sous réserve d'usufruit ne sont pas tenus de donner caution (art. 601).

Personnes insuffisamment désignées. — Le testateur doit indiquer très nettement les nom, prénoms et domicile exacts de la personne qu'il institue comme légataire.

Autrement, et si rien dans le testament ne peut faire préciser la personne à qui on veut léguer, la disposition du testament à ce sujet serait absolument nulle.

Ainsi a été annulée la disposition d'un testament ainsi conçue: « Je lègue la somme de.... à *des parents peu aisés* que j'ai oubliés ».

Si on ne connait pas les prénoms, le nom et l'adresse seront suffisants, avec l'indication de la profession.

Mise sous enveloppe. — Le testament peut être mis sous enveloppe, cachetée ou non, sur laquelle on pourra inscrire : « Ceci est mon testament ».

VIII. — Révocation du Testament.

Le testament ne peut être révoqué, en tout ou en partie, que par un testament nouveau (art. 1035).

Si le deuxième testament révoque en entier le premier, celui-ci devra être détruit en entier aussi, et on devra le brûler pour plus de sûreté.

Il ne faudrait pas se contenter de le déchirer, car cela n'établirait pas nécessairement l'intention bien arrêtée de destruction.

Le second testament ou tout testament postérieur qui ne révoquerait pas d'une manière expresse les précédents, ne peuvent annuler, dans ceux-ci, que celles des dispositions y contenues qui se trouveront incompatibles avec les nouvelles, ou qui seront contraires (art. 1036).

Toute aliénation, ou vente, même avec faculté de rachat (réméré) ou par échange, que fera le testateur de tout ou partie de la chose léguée, emportera la révocation du legs pour tout ce qui a été aliéné, encore que l'aliénation postérieure soit nulle, et que l'objet soit rentré dans la main du testateur (art. 1038).

Ainsi, au cas où le testateur ne pourrait détruire un premier testament, et qu'il ne veuille ou ne puisse le révoquer, il n'aura qu'à vendre ou à échanger la chose ou l'immeuble légué.

La révocation faite dans un testament postérieur aura tout son effet, quoique ce nouvel acte reste sans exécution par l'incapacité de l'héritier institué ou du légataire, ou par leur refus de recueillir (art. 1037).

Mais tout testament postérieur fait en la forme olographe est évidemment soumis aux conditions de l'article 970 précité, et par suite doit être écrit en entier, daté et signé comme il est expliqué ci-dessus, par la personne ayant droit de révocation.

Une révocation d'un legs, faite par une disposition en marge du testament contenant ce legs, serait absolument nulle si elle n'était pas datée, et au cas où il résulterait des circonstances que cette disposition de révocation a été écrite à une époque postérieure à celle du testament, ainsi qu'il a été récemment jugé.

FIN

Imp. Bridet, 40, cours Liberté. — Lyon.

www.ingramcontent.com/pod-product-compliance
Ingram Content Group UK Ltd.
Pitfield, Milton Keynes, MK11 3LW, UK
UKHW022152170726
13837UKWH00004B/1949

9 782329 159201